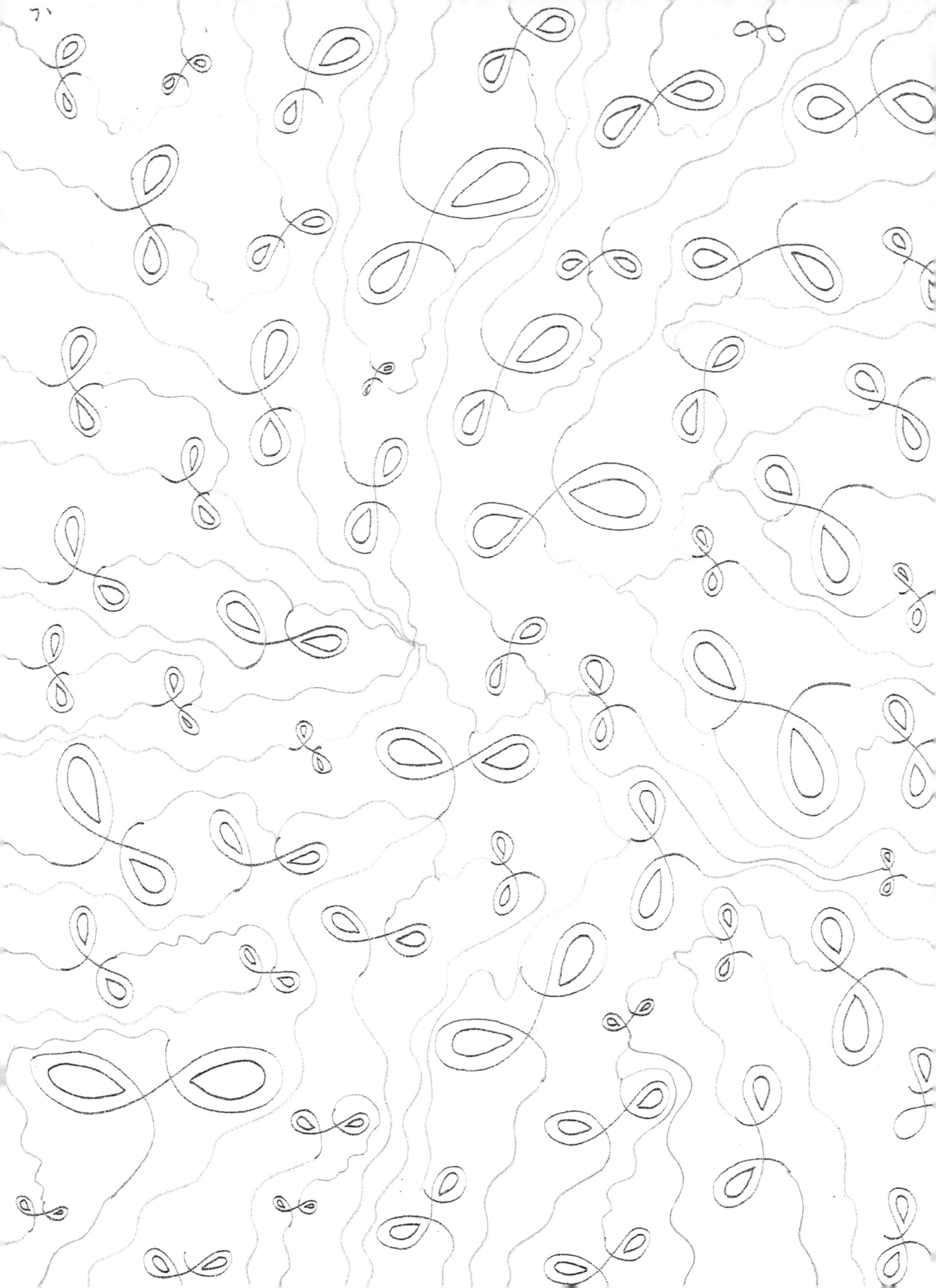

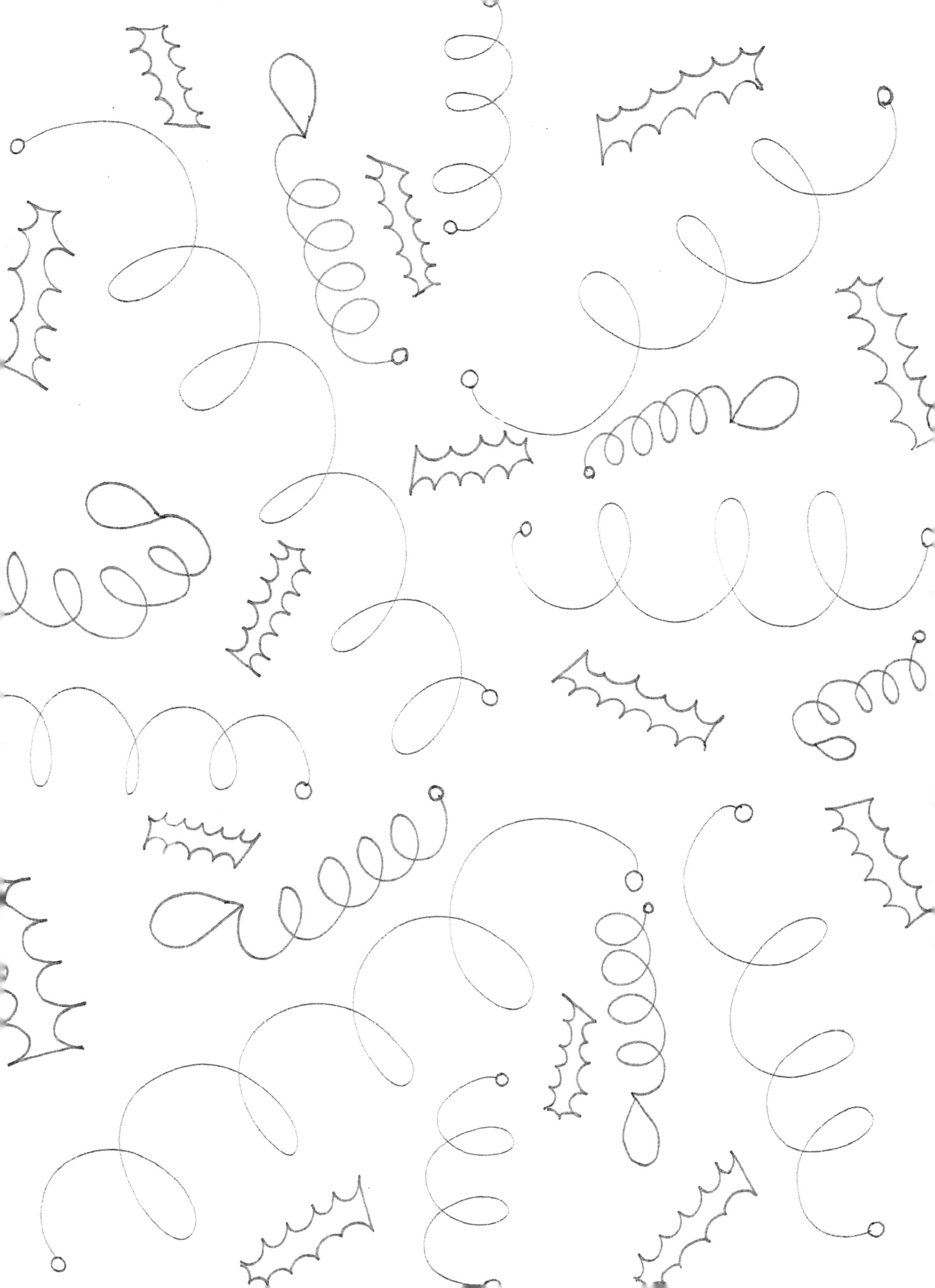

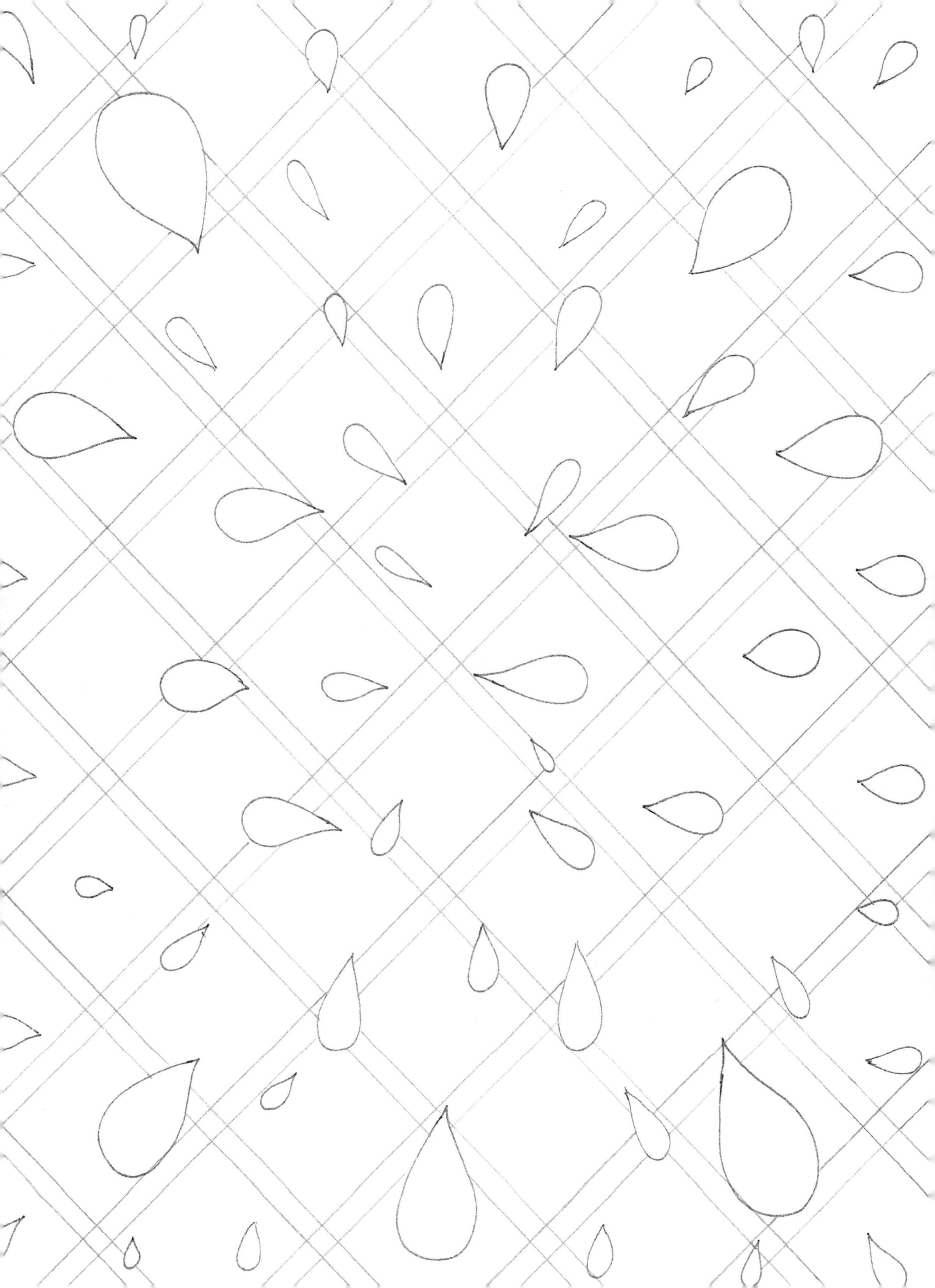

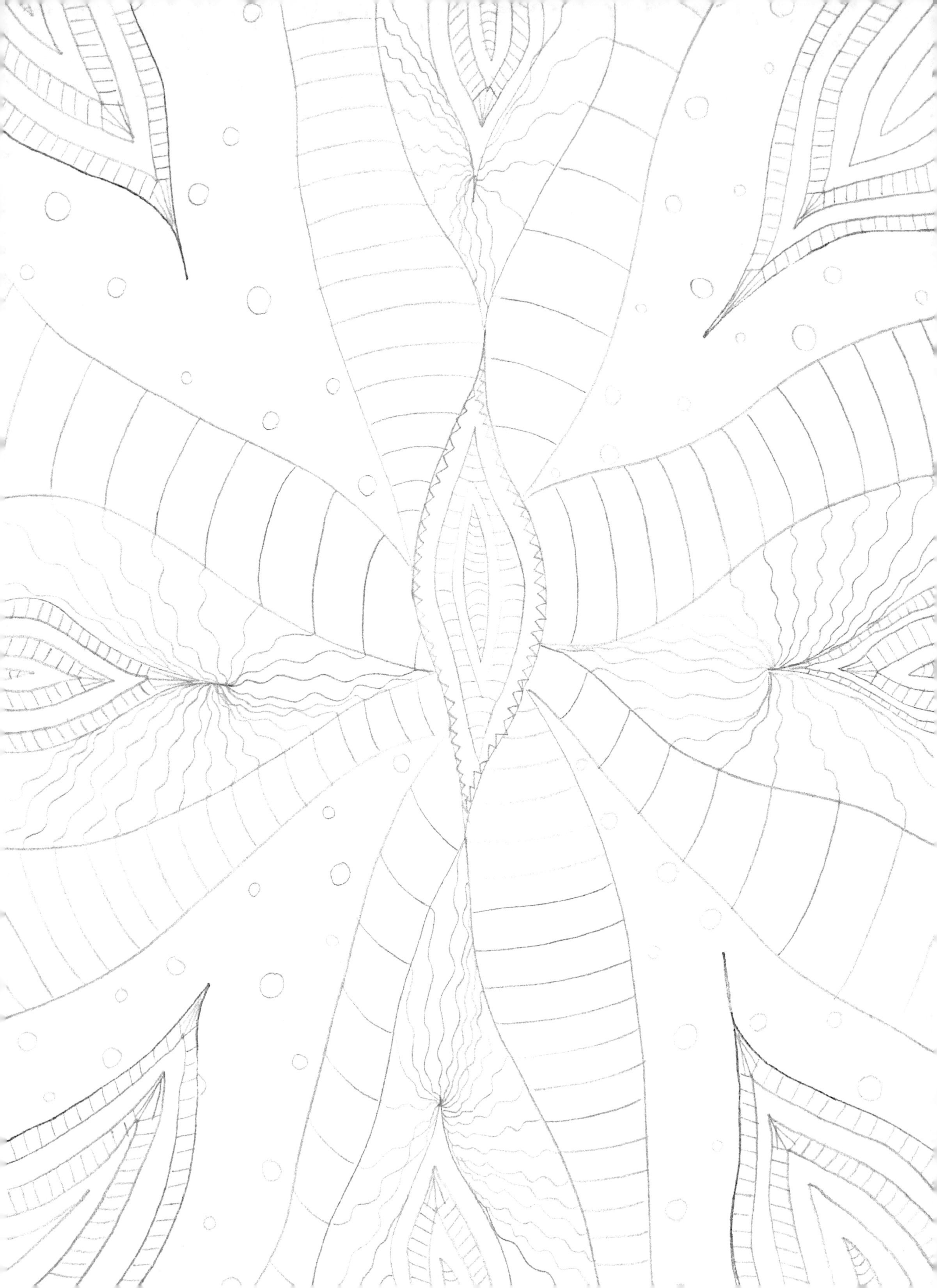

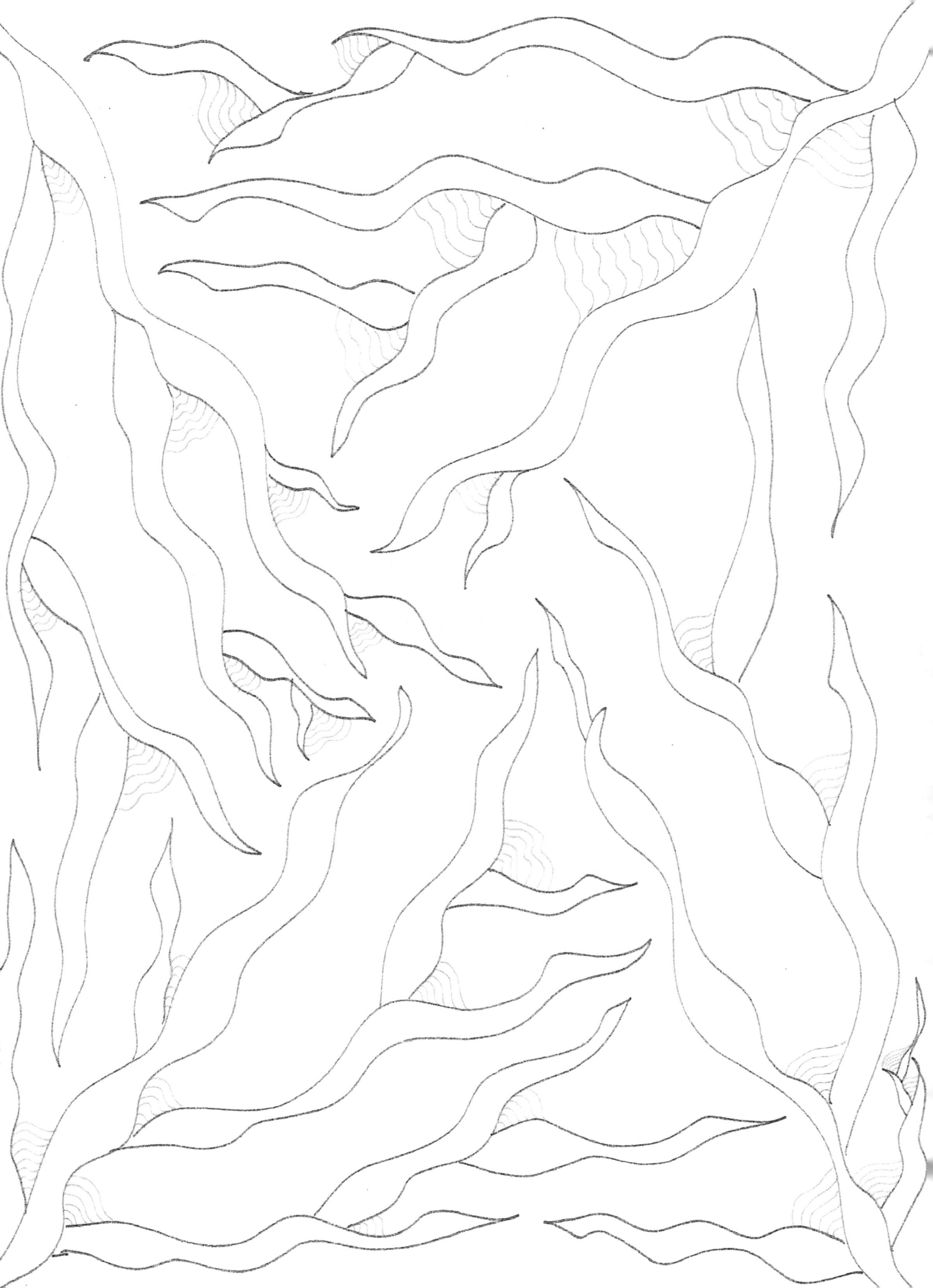

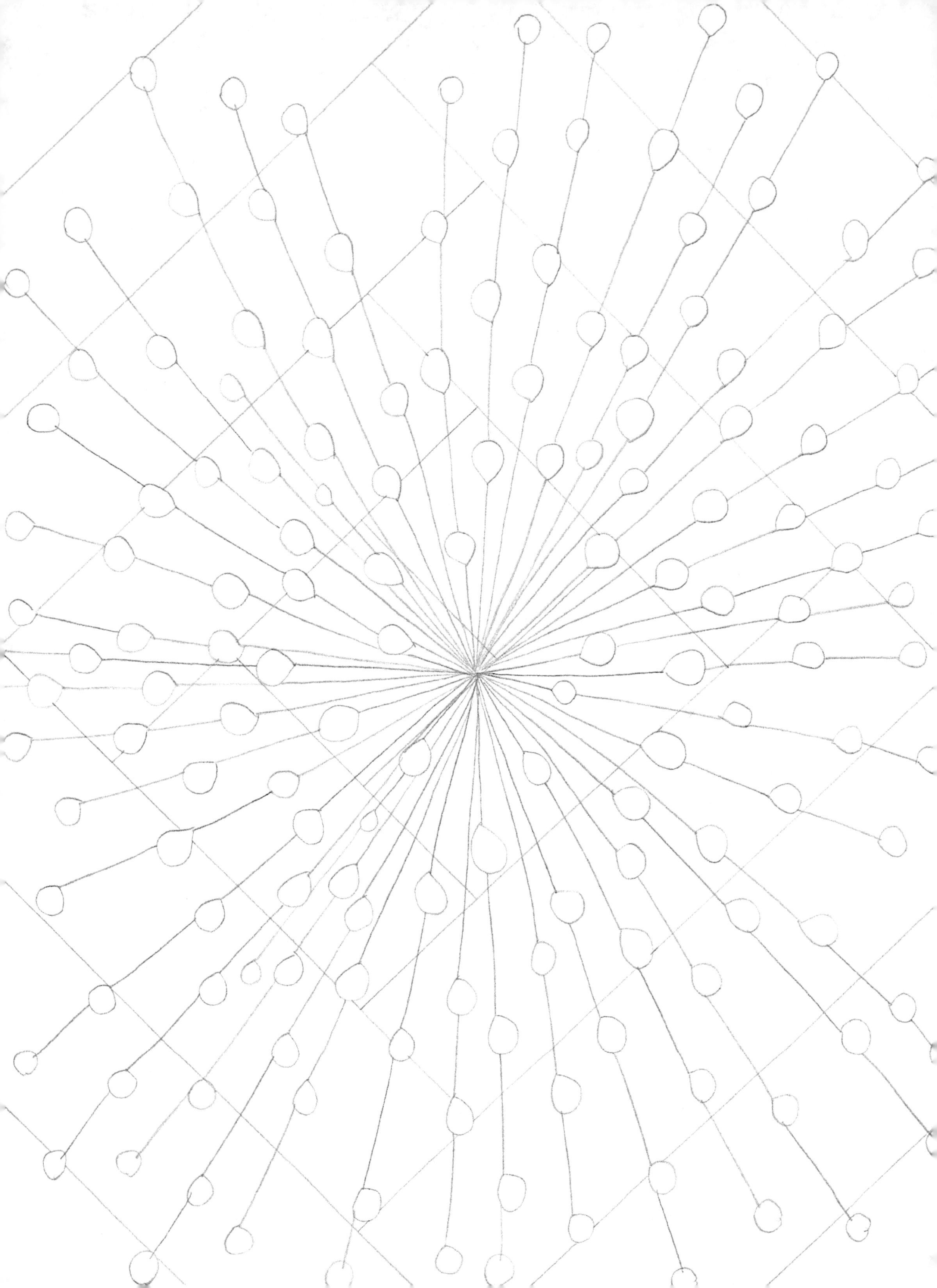

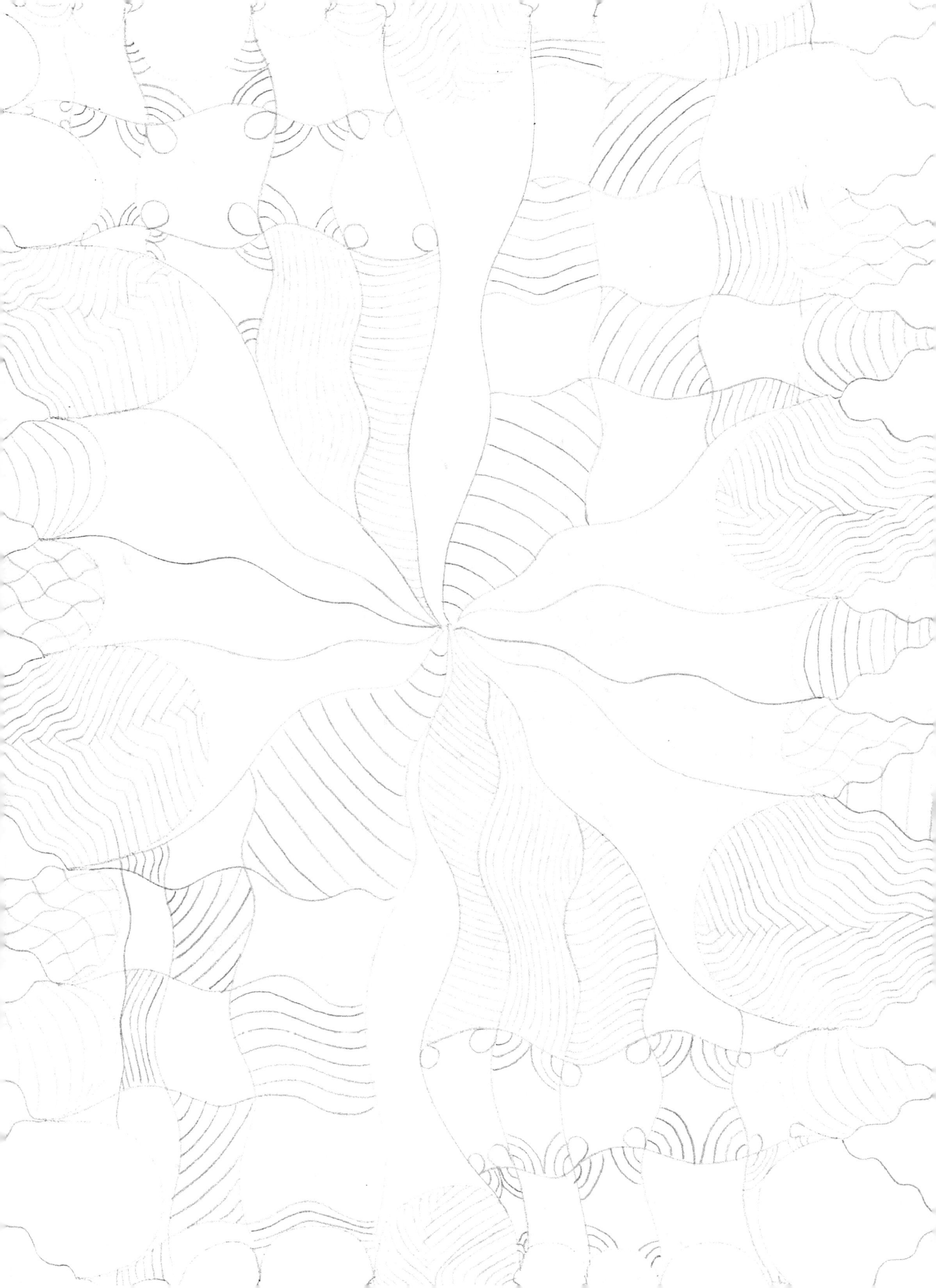

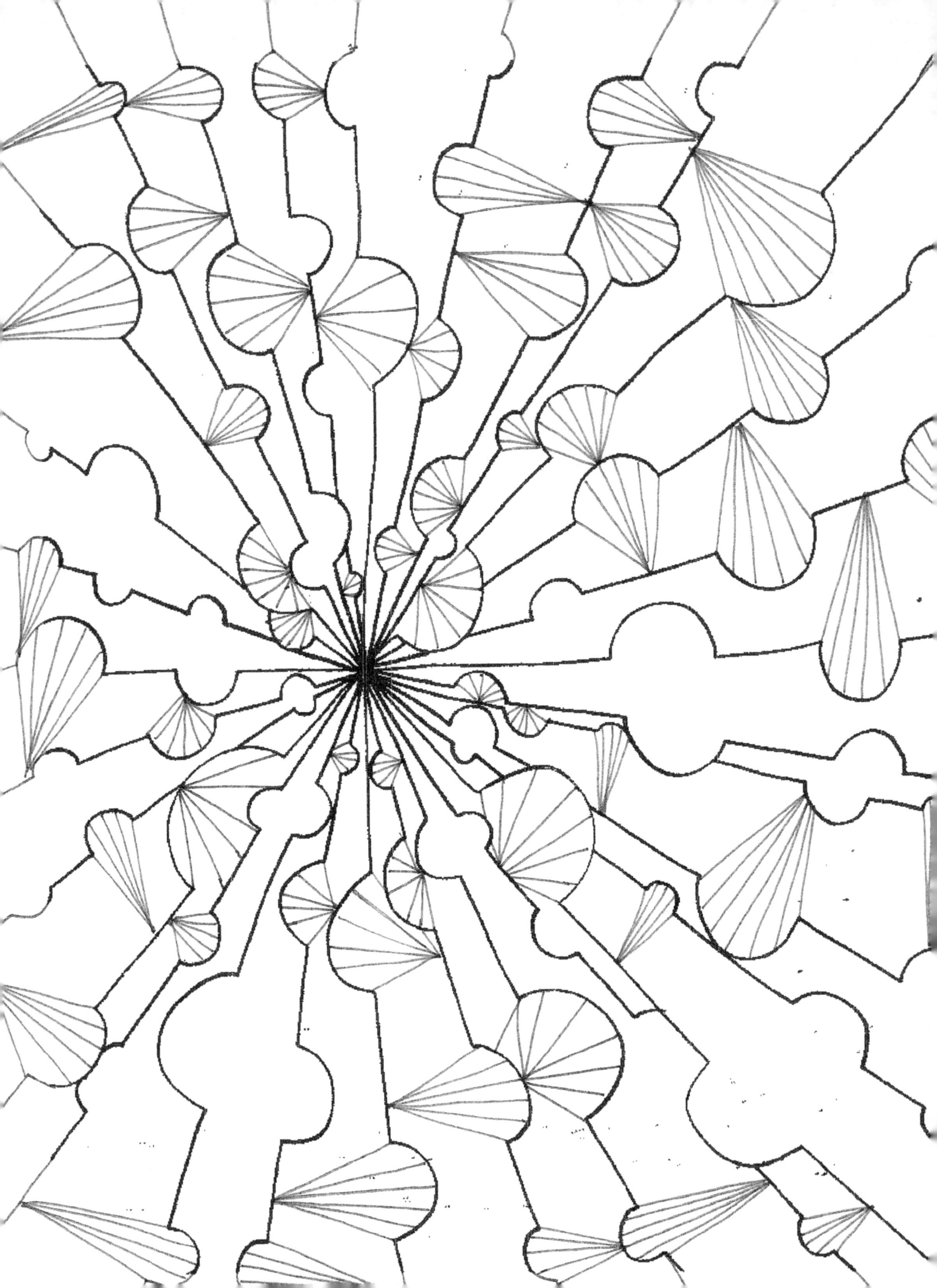

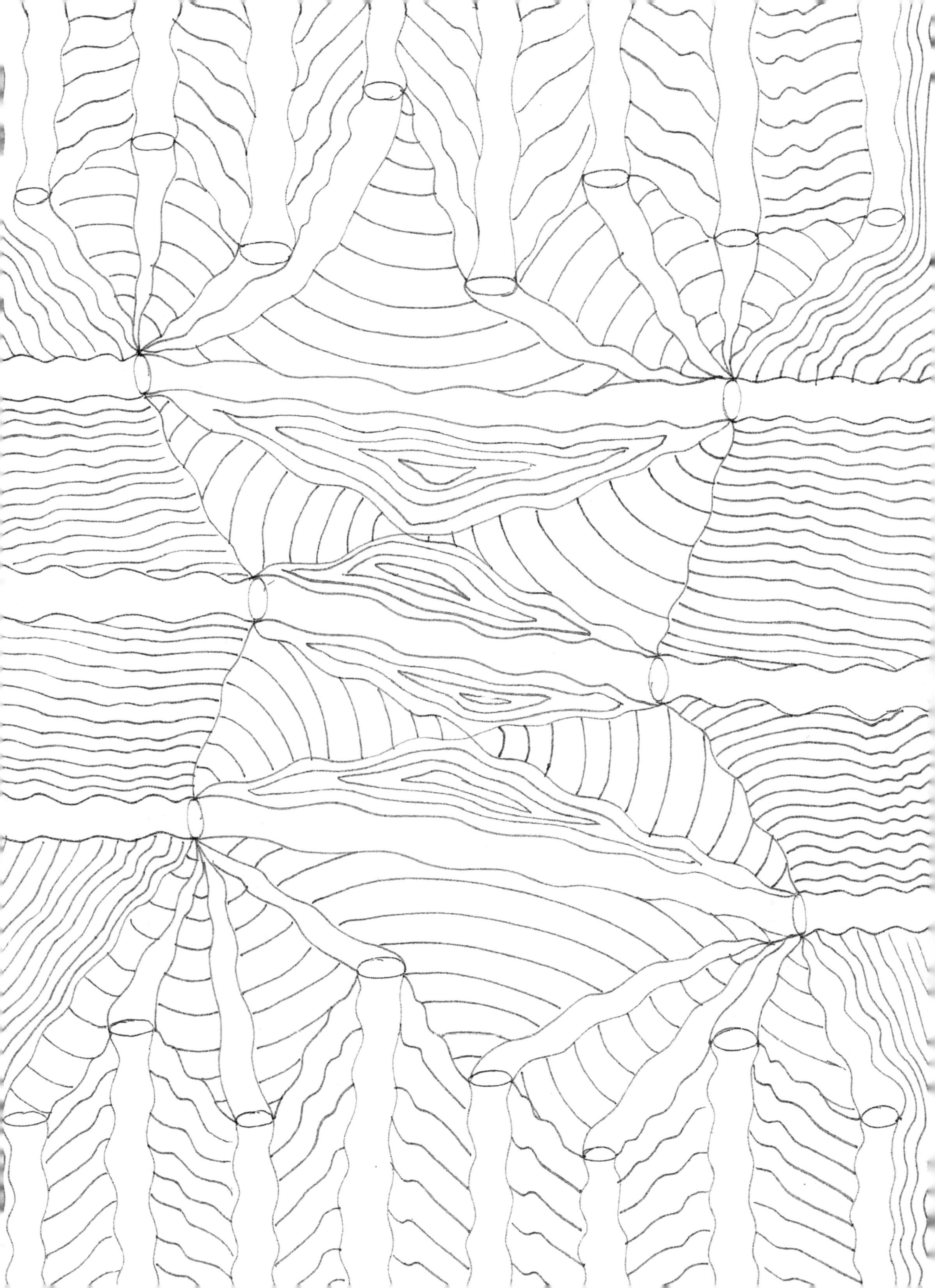

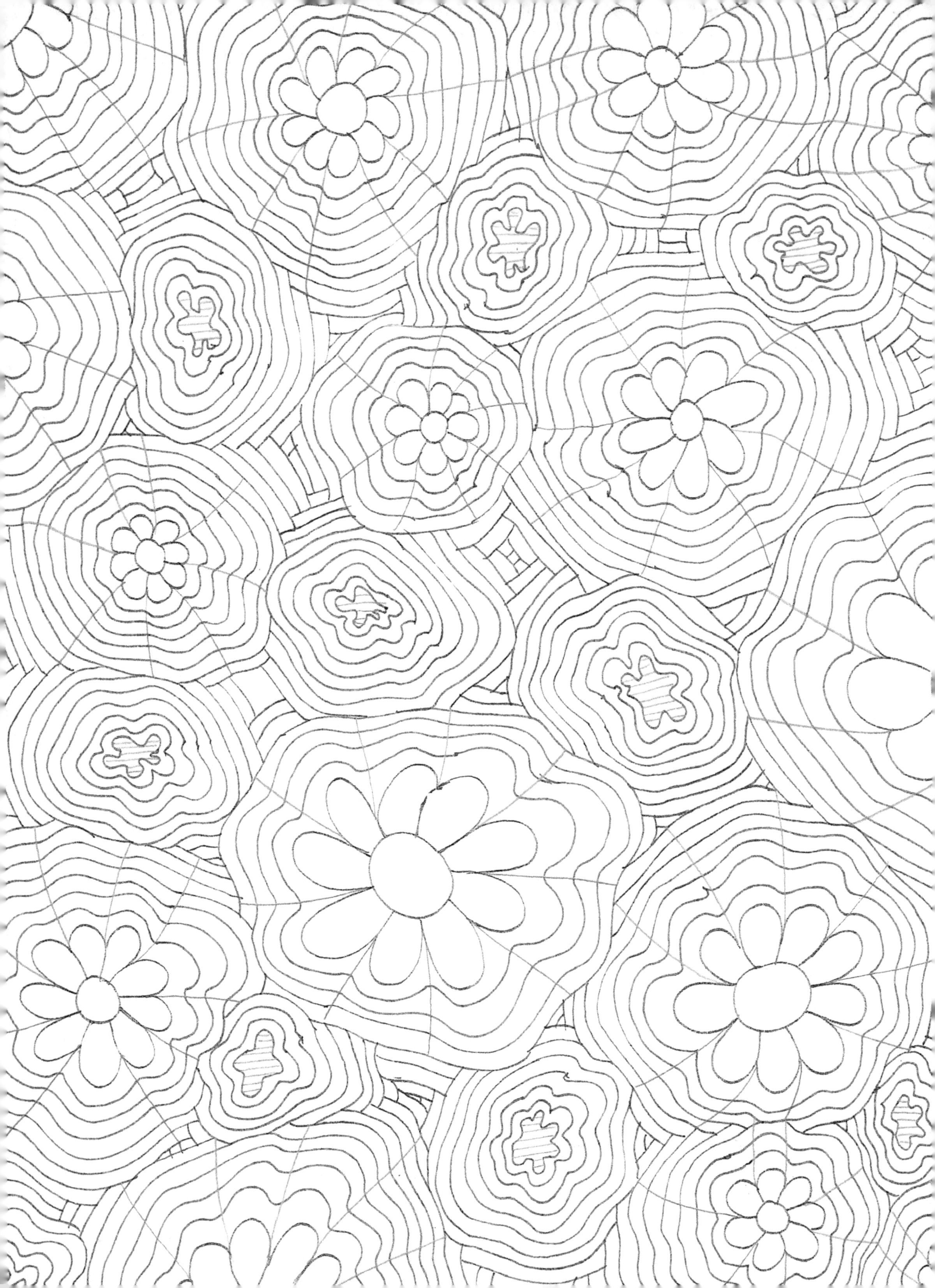

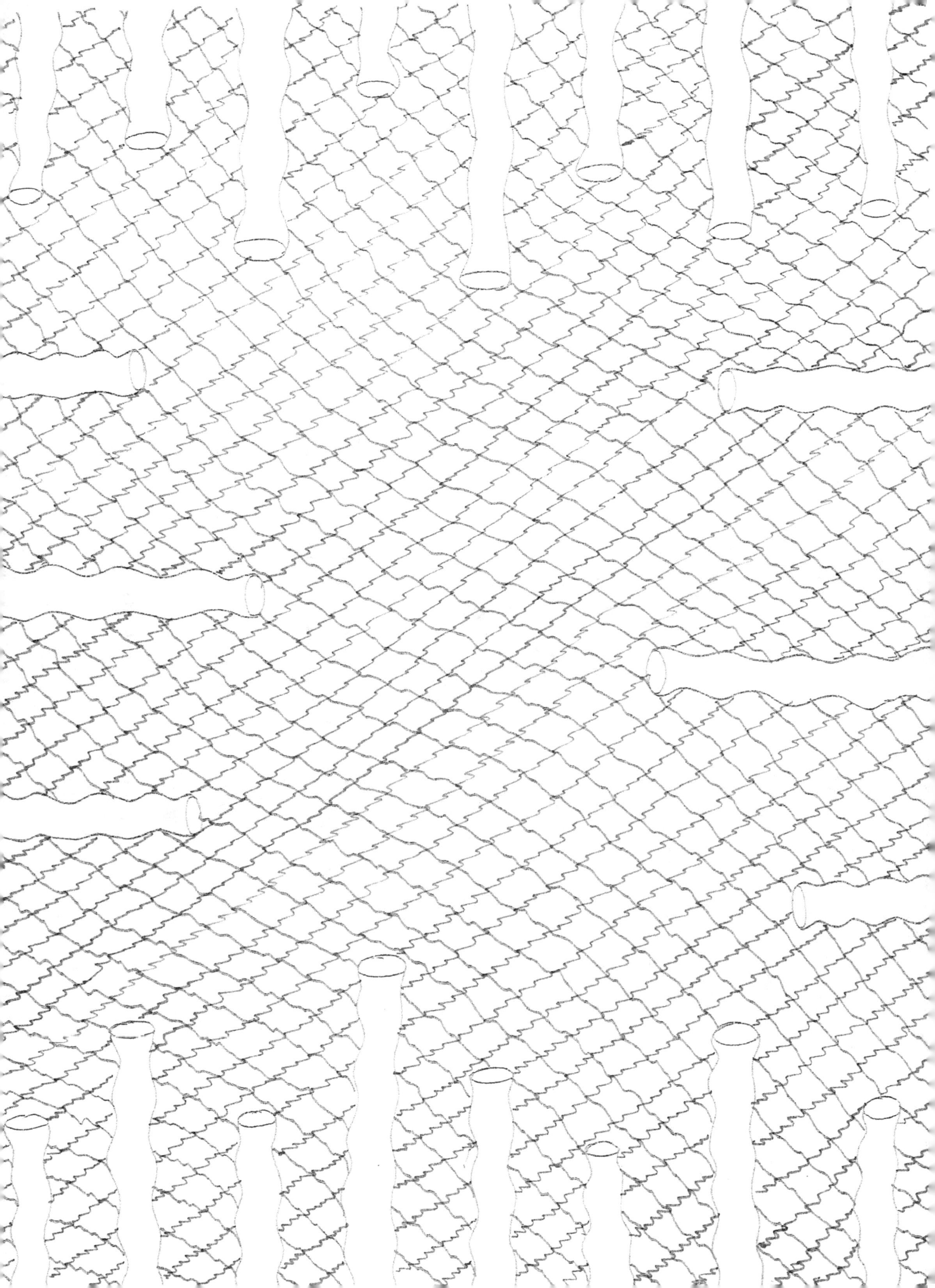

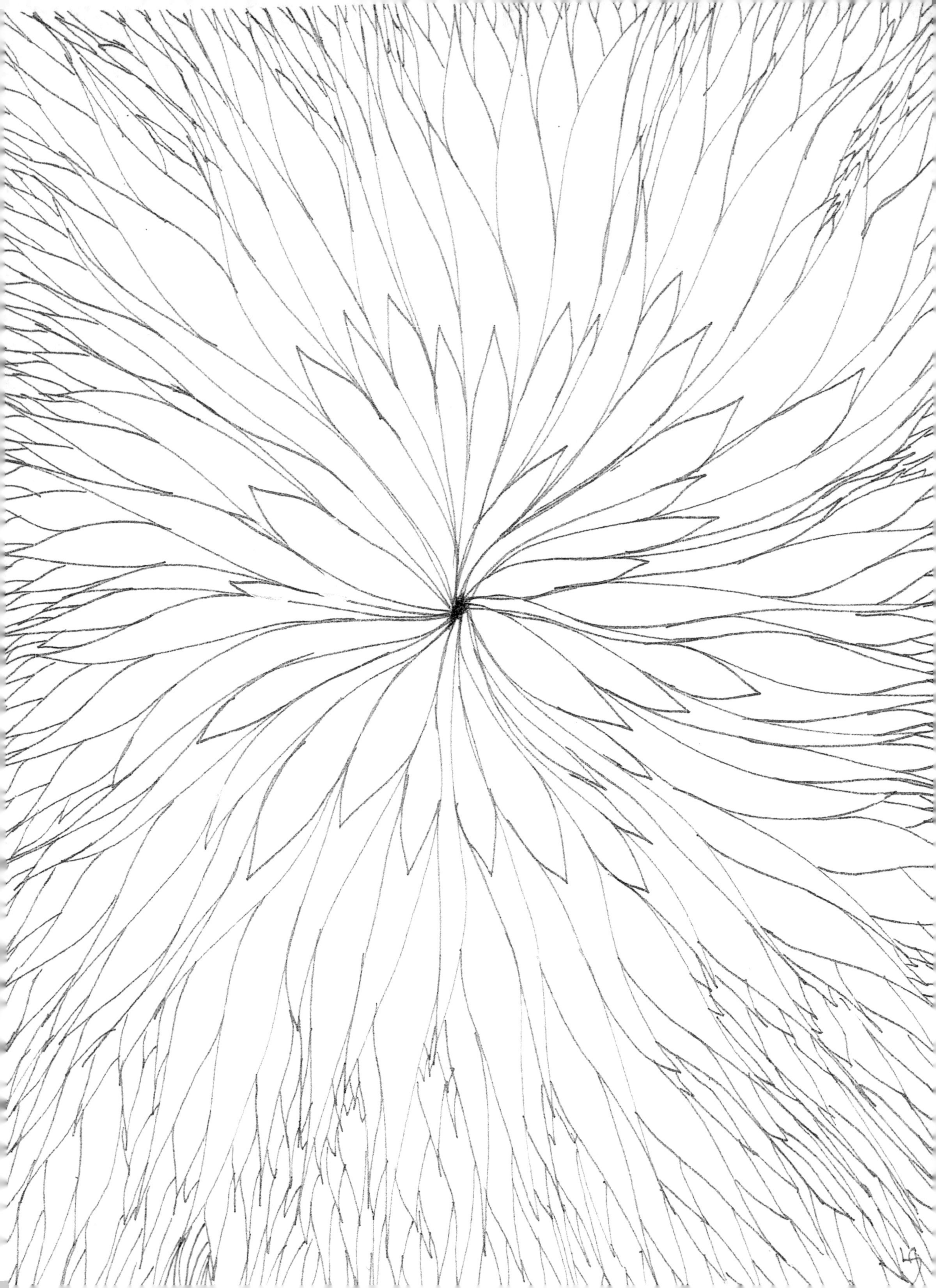

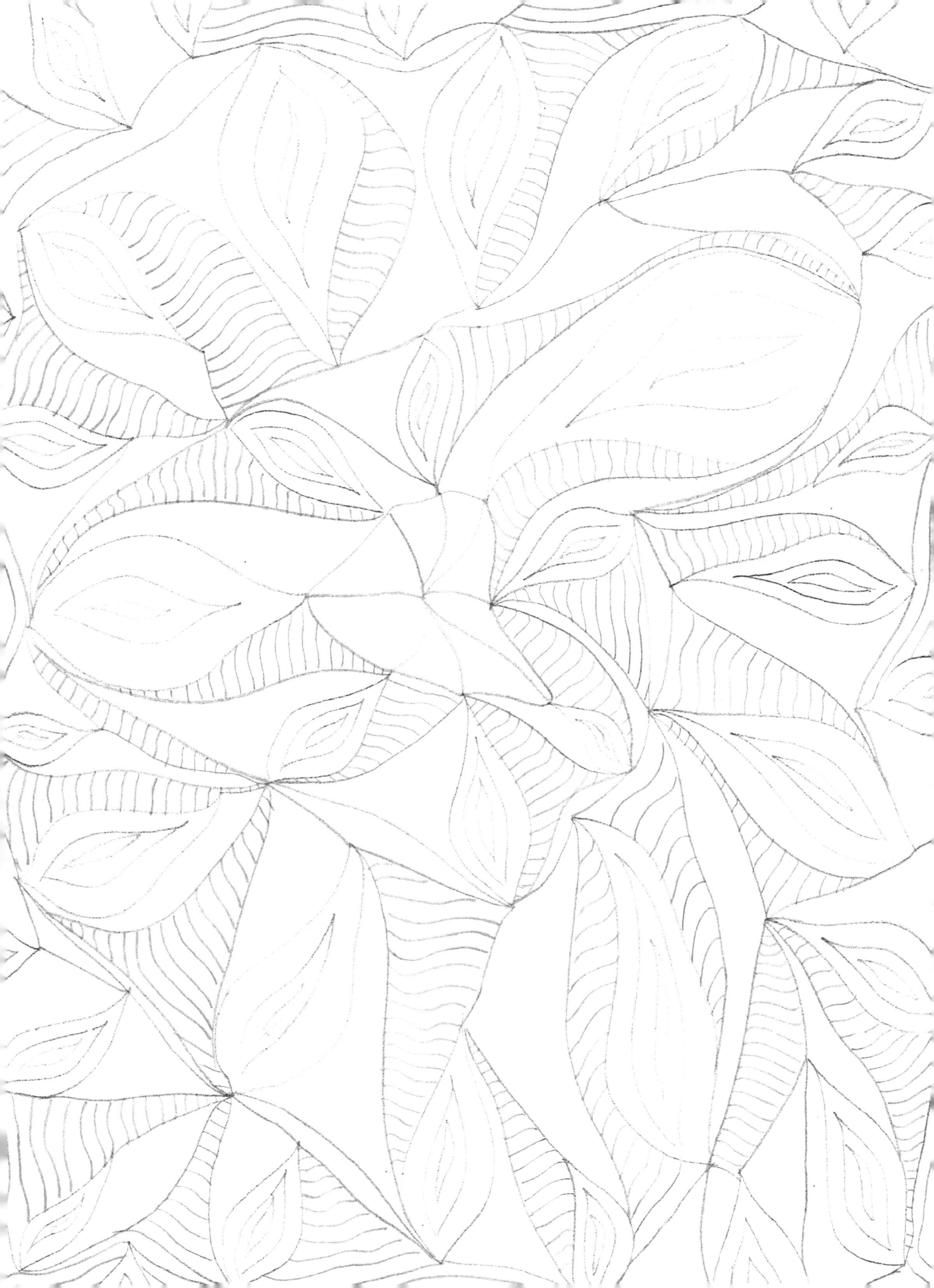

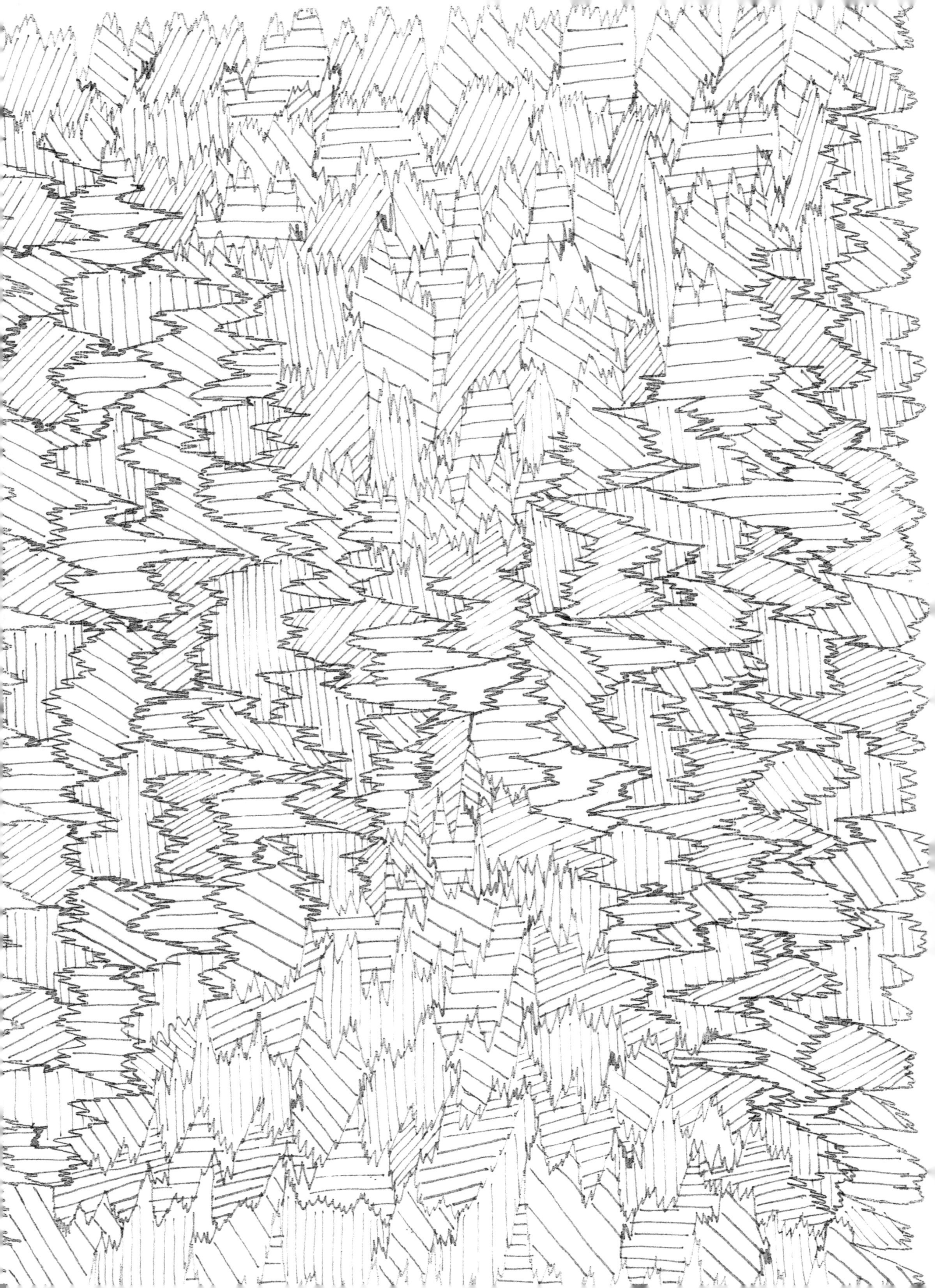

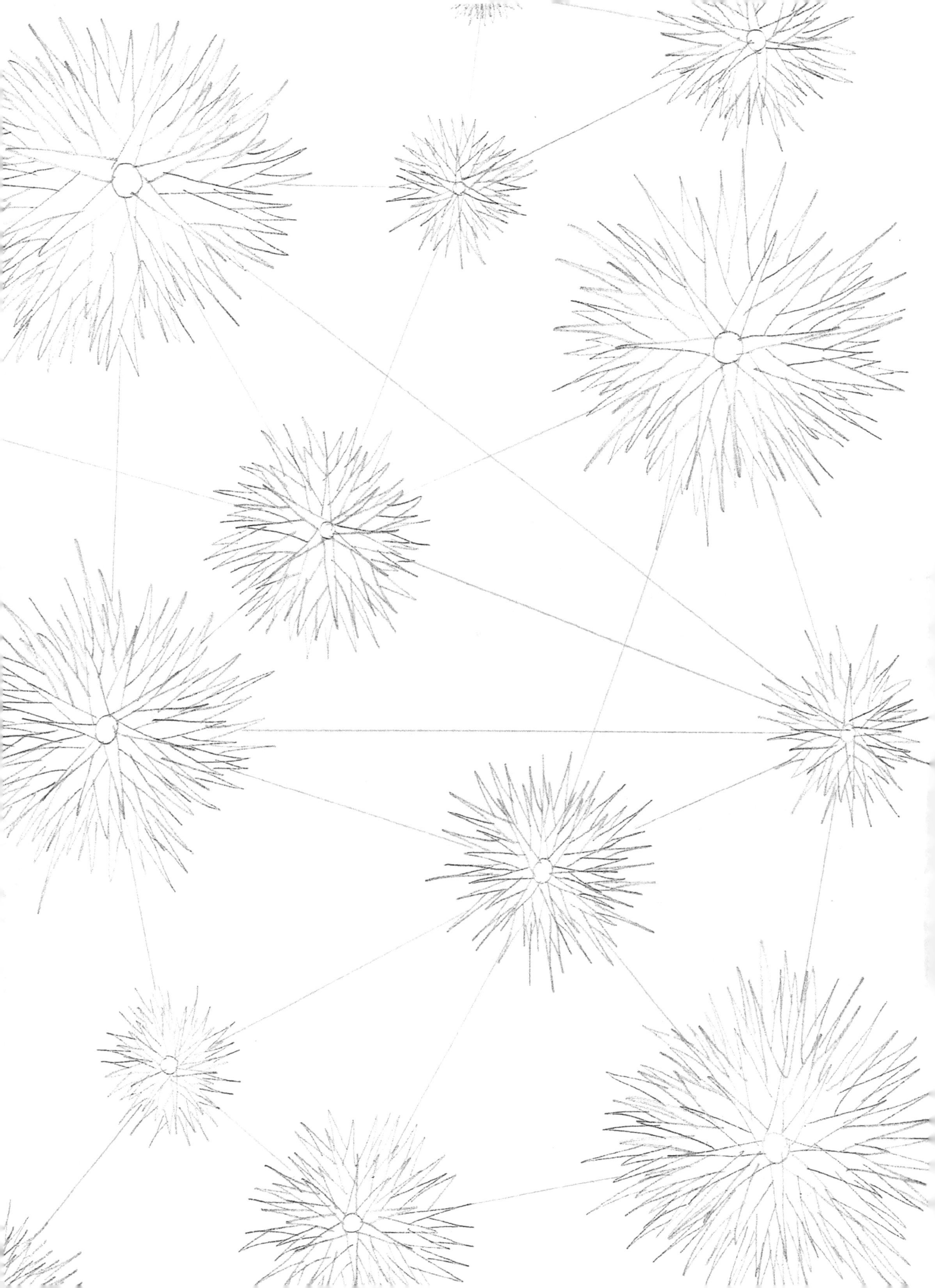

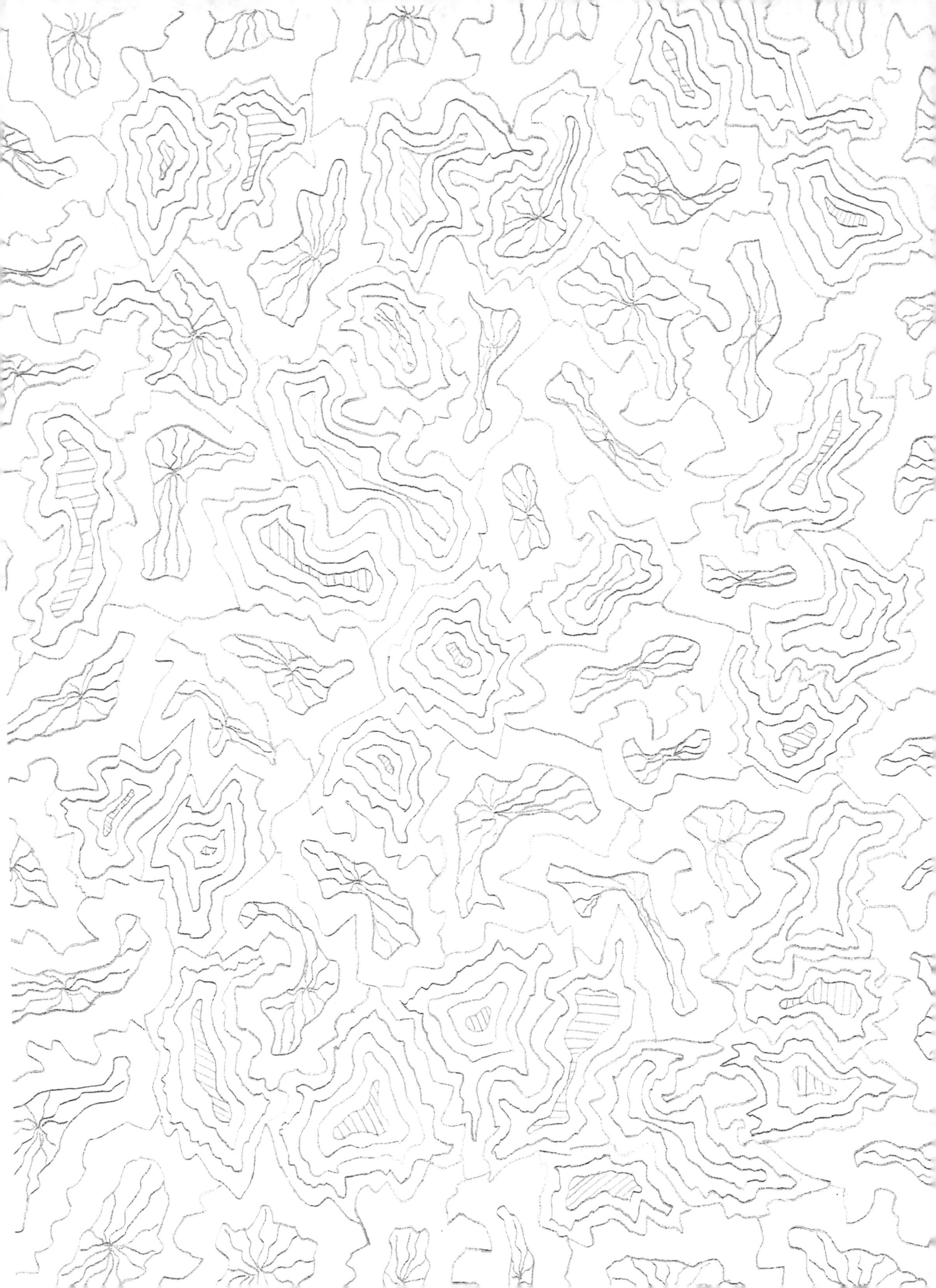

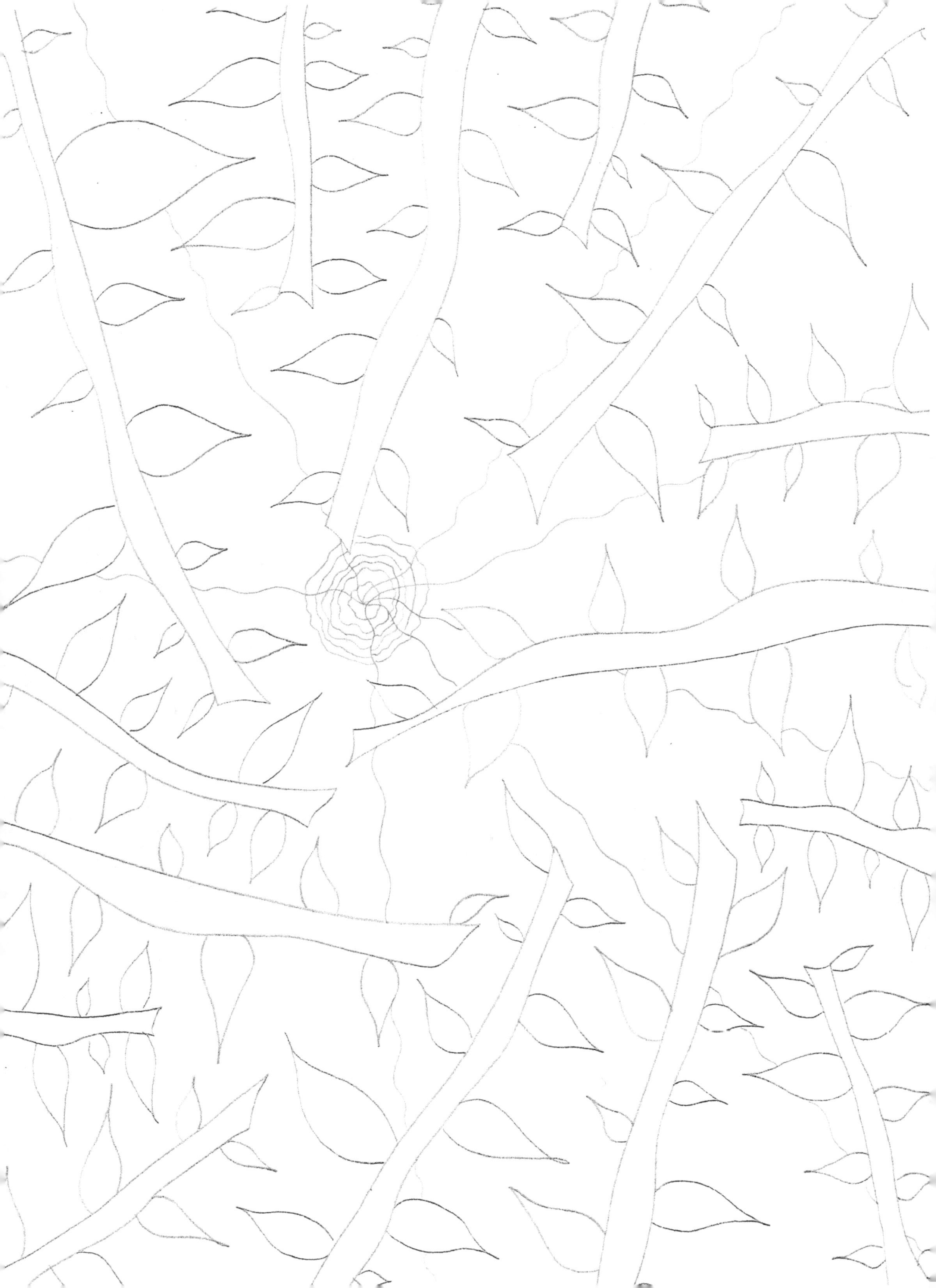

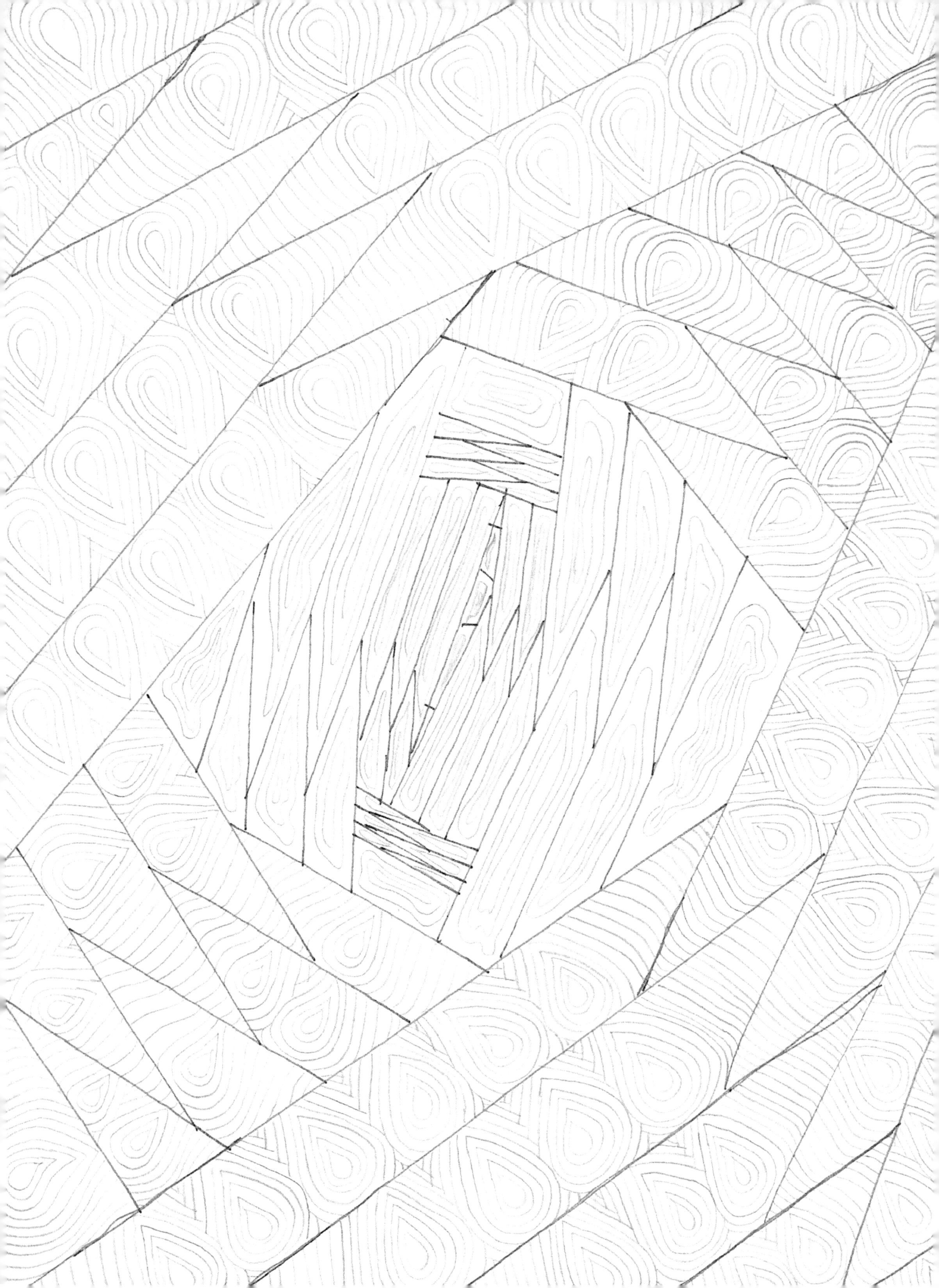

www.ingramcontent.com/pod-product-compliance
Lightning Source LLC
Chambersburg PA
CBHW081319180526
45170CB00007B/2775
9781545033692

ISBN 9781545033692
90000 >
9 781545 033692